Comment faire des rencontres sur Internet ?

par Sophie Mévisse

 50MINUTES.fr

Pourquoi mettre une photo de profil, et comment la choisir ?

Comment compléter son profil ?

Quelles sont les règles à respecter lors d'un échange sur Internet ?

Quand et où planifier un premier rendez-vous ?

POUR ALLER PLUS LOIN   31

COMMENT FAIRE DES RENCONTRES SUR INTERNET ?

- **Problématique ?** À l'heure où il semble de plus en plus difficile de faire des rencontres, Internet apparaît comme la solution. Mais comment faire pour trouver l'âme sœur ou du moins une relation stable sur la Toile ?
- **Objectif ?** Découvrez toutes les astuces mais aussi les pièges à éviter pour que vos rencontres sur Internet soient un succès.
- **FAQ ?**
  - Quels sont les avantages et les inconvénients des rencontres sur Internet ?
  - Quel budget faut-il compter pour un abonnement sur un site de rencontres ?
  - Existe-t-il d'autres sites où il est possible de rencontrer des gens ?
  - Pourquoi mettre une photo de profil, et comment la choisir ?
  - Comment compléter son profil ?
  - Quelles sont les règles à respecter lors d'un échange sur Internet ?
  - Quand et où planifier un premier rendez-vous ?

Vous quittez le travail tard le soir et aimeriez rencontrer de nouvelles personnes qui partagent le même rythme de vie et certains de vos centres d'intérêt ? Vous en avez assez que vos amis vous présentent sans cesse des célibataires qui « pourraient vous intéresser », alors que vous les trouvez insipides ? De nombreuses personnes se trouvent dans la même situation que vous et choisissent de recourir à Internet dans le but de faire de nouvelles rencontres. Que vous soyez à la recherche de simples amourettes ou au contraire du véritable amour, il existe une multitude de possibilités qui vous permettront d'entrer en contact avec de nouvelles personnes. Alors, n'attendez plus et lancez-vous !

LES LIEUX DE LA RENCONTRE

Si se décider à faire de nouvelles rencontres est assez simple, choisir le site qui vous convienne s'avère beaucoup plus complexe. Les lieux propices aux rencontres n'ont en effet cessé de se multiplier sur la Toile ces dix dernières années. Dans cette multitude de sites, vous pourrez en trouver qui prônent la recherche du grand amour, d'autres qui ciblent des rencontres de tout type, d'autres encore qui privilégient les relations frivoles. En outre, ceux-ci mettent à votre disposition des outils pour simplifier vos recherches.

Votre première étape consiste donc à faire le point sur ce que vous souhaitez réellement trouver dans cette nouvelle aventure afin d'opter pour le site le plus adapté à votre personnalité et à vos envies.

LES SITES DE RENCONTRES ET LES APPLICATIONS SUR SMARTPHONE

Les sites de rencontres sont des espaces entièrement consacrés à l'établissement de nouvelles relations. Ils sont de natures diverses et s'adressent donc à des publics différents : certains se focalisent sur la tranche d'âge des 20-35 ans, d'autres visent une certaine élite sociale, d'autres encore proposent de rassembler des personnes partageant les mêmes passions. On peut donc tout trouver sur la Toile, du moment que l'on sait ce que l'on cherche.

Il est toutefois important de noter que la plupart des sites connus – qui rassemblent donc le plus de célibataires – deviennent payants à un moment donné de l'utilisation. Des formules d'abonnement sont donc proposées pour permettre aux utilisateurs d'envoyer des messages de manière illimitée ou encore d'identifier les personnes qui ont consulté leur profil. L'argent versé permet de payer les serveurs, l'interface du site, et de rémunérer les modérateurs qui gèrent les profils des internautes. En règle générale, plus le site rencontre du succès, plus l'accès à tous les outils qu'il propose est cher. Certains tentent toutefois de diminuer les coûts en plaçant des publicités sur les pages de leur domaine.

Les services proposés par les abonnements varient sensiblement selon les sites et peuvent donner accès à de nombreuses fonctionnalités élaborées, comme des tests de personnalité, des horoscopes amoureux, etc., tout en assurant aux internautes le sérieux de l'entreprise. En effet, faire payer l'accès au site permet de filtrer les utilisateurs indésirables tels que les « fakes » (*fake* signifiant « faux » ; ce terme désigne des utilisateurs mal intentionnés qui cachent leur identité réelle) ou les cyber escrocs.

Dans le cas où vous souscrivez à un abonnement, gardez en mémoire qu'au terme de la période choisie (un mois, six mois, un an), le contrat sera tacitement reconduit. Vous devrez donc le résilier vous-même afin que le prélèvement automatique du montant de l'abonnement ne se fasse plus.

Meetic

Meetic est le site de rencontres incontournable de la Toile. Tout le monde le connaît ou en a déjà entendu parler grâce à ses innombrables publicités diffusées notamment à la télévision. Même s'il s'est vu concurrencé par de nombreux autres plateformes – chacune proposant des spécificités toutes aussi intéressantes les unes que les autres et invitant à une certaine originalité –, il reste malgré tout le site de référence en matière de rencontres en ligne et concentre un public vaste parmi lequel toutes les tranches d'âges sont représentées. Selon une enquête réalisée par TNS Sofres, Meetic était en 2012 le site le plus recommandé par les célibataires. En outre, les gérants du site estiment que plus de deux millions de personnes ont déjà rencontré quelqu'un sur leur site.

Même si l'inscription est gratuite, Meetic devient payant dès lors que vous souhaitez entrer en contact plus longuement avec quelqu'un. Vous pouvez toutefois vous enregistrer sur le site, compléter votre profil et même échanger quelques messages avec d'autres personnes sans débourser un seul centime. En prenant un abonnement, vous pourrez user de la messagerie de manière illimitée et vous jouirez d'une navigation garantie sans publicité. Un mois coûte 29,99 €, mais, dans le cas où vous optez pour une formule de plus longue durée, en l'occurrence six mois, vous ne payerez plus que 14,99 € par mois.

Meetic propose une recherche basée sur des critères basiques, tels que l'âge, le lieu de vie, le fait de fumer, etc. Sa simplicité peut être un obstacle pour certains qui préféreront des données plus approfondies. Si c'est votre cas, allez voir du côté de Meetic Affinity, qui vous proposera des questions plus précises sur votre vision du couple, votre personnalité, vos goûts et vos valeurs. Après avoir rempli un formulaire, le site vous présentera automatiquement des personnes ayant des résultats similaires aux vôtres, grâce à un calcul d'affinités. L'abonnement à Meetic Affinity est plus cher que celui de Meetic : un mois d'utilisation est facturé 45 €, un abonnement de six mois coûte 20 € par mois, et si vous optez pour un an d'abonnement le prix revient à 15 € par mois.

EliteDating

Vous voulez rencontrer quelqu'un qui vous ressemble ? Qui est méticuleux comme vous ? Vous aimeriez lier connaissance avec une personne aussi sensible que vous ; en bref quelqu'un qui pourrait comprendre vos états d'âme ? EliteDating est fait pour vous.

Dès l'inscription, il vous est demandé de remplir un questionnaire afin d'établir les cinq dimensions de votre personnalité (la capacité d'organisation, la tolérance, la flexibilité, la sociabilité, la sensibilité), ce qui vous permettra par la suite de voir comment vos résultats s'accordent avec ceux d'autrui. Grâce aux informations rassemblées, certaines personnes « compatibles » vous seront présentées par le site dans l'onglet « profils compatibles ». Si vous souhaitez faire plus ample connaissance, EliteDating propose également d'envoyer aux personnes qui ont retenu votre attention des listes de questions générées par le site qui visent à déterminer les réactions que l'autre pourrait avoir dans des situations données.

Les services d'EliteDating sont payants. Sans abonnement, il n'est pas possible d'utiliser la messagerie. La formule la plus avantageuse est l'abonnement annuel, facturé à 29,90 € par mois. Si toutefois vous souhaitez essayer le site pour une durée plus limitée, le tarif par mois explosera (109,90 €). Des sommes si élevées permettent de sélectionner les utilisateurs à l'entrée pour ne cibler que les célibataires « exigeants ».

Attractive World

Attractive World est un site qui se veut plus sérieux que ses concurrents pour une simple et bonne raison : on n'entre pas sur le site comme dans un moulin. Avant de pouvoir circuler sur le site et rencontrer des gens, il faut en effet que les modérateurs et les membres du site valident votre profil. Quelques jours d'attente seront donc nécessaires avant de pouvoir en profiter. Pour que vous soyez admis, vous êtes obligé de charger une photographie de vous dès l'inscription, ce qui n'est pas le cas sur les autres sites de rencontres renseignés dans ce livre.

Attractive World s'adresse à la tranche d'âge des 35-55 ans qui sera sans doute plus encline à investir dans un abonnement coûteux : 59 € pour un mois, 29 € si vous optez pour la formule de six mois.

Dès lors que la porte d'Attractive World vous est ouverte, vous pourrez faire des recherches poussées basées notamment sur le niveau d'études ou encore le revenu annuel que devrait avoir la personne que vous souhaiteriez rencontrer. Le site se targue d'ailleurs de représenter une population éduquée, d'un âge plus mature que ses concurrents.

Adopte un mec

Adopte un mec est un site très prisé par les 20-35 ans. Le site présente un concept peu courant parmi les sites de rencontres : tout est conçu de telle sorte que les femmes ne se fassent pas harceler et puissent avoir un maximum de maîtrise sur leurs rencontres. Cela signifie qu'en tant que femme vous pouvez parler aux hommes que vous trouvez à votre goût, mais, eux ne peuvent pas entrer en contact avec vous sans votre accord préalable. Ceci dit, même après avoir accepté quelqu'un, il est toujours possible de le signaler auprès des modérateurs et/ou de le bloquer en cas de problème.

Adopte un mec cible un public jeune, et les intentions des utilisateurs ne sont pas toujours très sérieuses. Sur le site, vous repérez d'ailleurs assez facilement les desseins des messieurs, car ils sont censés préciser leurs attentes en mentionnant dans l'onglet « relation souhaitée » soit « CDD » soit « CDI » : dans le premier cas, ils recherchent quelqu'un dans le but de passer du bon temps, et, dans le second, une relation sérieuse.

Jouant la carte de l'humour, le site propose d'effectuer des recherches sur certains aspects physiques (exemple : les barbus, les tatoués, etc.) et sur certaines particularités (exemple : il cuisine, il bricole, etc.).

Attention, le site est payant pour les hommes – et uniquement pour eux –, mais il reste tout de même moins cher que Meetic Affinity ou Elite Dating. Pour six mois d'abonnement, il faut débourser 119,90 € (payable en deux fois). Pour un mois d'utilisation, comptez 34,90 €.

Tinder

> Dylan, 28 ans : « Tinder est simple d'utilisation. L'application propose à l'utilisateur des photos. Si on trouve la personne attirante, on fait défiler la photo à gauche, et si celle-ci vous trouve également à son goût, on a la possibilité de discuter avec elle ; dans le cas contraire, il suffit de faire défiler la photo à droite et rien ne se passe. »

Comme l'explique Dylan, Tinder est une application sur Smartphone où les deux parties doivent s'apprécier physiquement pour entrer en dialogue. Cet accord mutuel prérequis est en soi un atout puisqu'il permet de filtrer les « indésirables », mais le choix ne se base que sur des critères physiques et non sur la personnalité de l'autre ou ses centres d'intérêt. En outre, la sélection de photographies qui apparaît sur votre écran dépend de la proximité géographique des autres utilisateurs par rapport à vous, ce qui favorise les rencontres dans la vie réelle.

Il faut toutefois noter que la réputation de Tinder est assez volage, et nombreux sont ceux qui s'y rendent pour des histoires relativement courtes. Karine Jaillardon écrit à ce propos qu' « avec Tinder, l'amour et la séduction deviennent utilitaires. Les échanges s'appauvrissent, toute la magie de la séduction s'envole, pour ne laisser place qu'à des dialogues purement fonctionnels » (« De Uber à Tinder, non à l' "ubérisation" de la société ! La séduction n'est pas utilitaire », in *L'OBS Le Plus*). Cette affirmation est confirmée dans les résultats d'un sondage de l'Ifop qui montre que l'utilisation de sites de rencontres (applications de rencontres pour smartphones comprises) fait apparaître deux tendances : l'une consiste à voir émerger des comportements sexuels en ligne (correspondance érotique, cybersexe, etc.), et l'autre la « *hookup culture* », qui met les moyens de communication au service de l'établissement de relations IRL (*In Real Life*) basées sur le sexe. Tinder ressemble en cela à Grindr (une application utilisée par les homosexuels pour trouver des partenaires près de chez eux) : ses utilisateurs veulent faire des rencontres plutôt portées sur le sexe et pas spécialement sérieuses. Tinder est donc recommandé aux personnes qui ne souhaitent pas de relations sérieuses – du moins a priori –, mais qui veulent tout de même faire des rencontres qui peuvent potentiellement mener à des épisodes relativement frivoles. C'est aussi un bon moyen de rencontrer des gens près de chez soi, quelle que soit l'issue de la rencontre.

LES SITES DE RENCONTRES PROPOSENT-ILS EUX AUSSI DES APPLICATIONS ?

Les sites de rencontres mentionnés dans ce chapitre possèdent tous une application accessible via votre Smartphone. Celle-ci reprend les fonctionnalités les plus importantes du site : la messagerie, la possibilité de modifier son profil personnel, la navigation dans les profils des autres utilisateurs, etc. Attention tout de même aux achats compulsifs de fonctionnalités premium pour ces applications : les prix proposés sont assez élevés.

LES SITES D'INTÉRÊTS COMMUNS ET LES RÉSEAUX SOCIAUX

Comme nous l'avons évoqué au début de cet ouvrage, Internet regorge de possibilités quant à l'établissement de rencontres. Il est donc tout à fait possible de faire des rencontres sur d'autres sites, notamment via les sites d'intérêts communs et les réseaux sociaux (notamment Facebook).

Certaines personnes préfèrent converser avec des gens qui partagent les mêmes intérêts qu'eux. Les forums peuvent donc constituer une alternative particulièrement intéressante aux sites de rencontres. Pour les trouver, il suffit de taper quelques mots-clés dans votre moteur de recherche ou de vous laisser guider par le bouche-à-oreille. Ce genre de sites nécessite toutefois une autre forme d'investissement puisque, pour se faire connaître, l'utilisateur doit participer activement aux fils de conversation et ainsi s'intégrer dans la communauté.

Facebook, le réseau social le plus populaire, propose de créer et de rejoindre des groupes, privés ou publics, qui traitent de sujets divers et variés. Certains prennent la forme de groupes d'intérêts communs et permettent d'avoir des espaces de dialogue qui rassemblent des gens partageant les mêmes passions. Ceci offre de très nombreuses possibilités de dialogue sur des sujets qui vous intéressent person-nellement et dans lesquels vous vous sentirez à l'aise.

D'autres concernent des localités. Des habitants de certaines com-munes créent des groupes afin de partager des événements qui y auront lieu ou même des photographies de certaines places ou bâti-ménts remarquables. Ce type de groupe permet de faire connaissance avec ses voisins et donc de faire des rencontres près de chez soi.

De même, si vous êtes à l'étranger, il existe de nombreux groupes de personnes partageant la même nationalité afin de favoriser l'entraide et les rencontres entre expatriés.

N'hésitez pas non plus à intégrer des événements publics, par exemple des apéros, des expositions, des conférences, ou toutes sortes de rassemblements, où vous pourrez rencontrer des gens. Avant de vous y rendre, vous pouvez également consulter le profil des personnes susceptibles d'y participer.

CONSEILS PRATIQUES

COMMENT CHOISIR UN PSEUDONYME ?

Le choix d'un pseudonyme n'est pas aussi anodin que l'on pourrait croire. En effet, avant de connaître votre prénom, les utilisateurs vous identifieront par votre pseudonyme. C'est ce dernier qui leur donnera envie ou non de vous parler. Il est donc important de le soigner afin d'attirer l'attention sans pour autant tomber dans certains travers.

D'après une étude de la Queen Mary University de Londres, des pseudonymes espiègles, c'est-à-dire ceux renvoyant à la bonne humeur ou ceux qui sont drôles, attireraient les deux sexes. Il est donc important de soigner son aspect « chaleureux » et « joyeux ».

Un bon pseudonyme est sobre et ne doit pas donner l'impression d'avoir été généré automatiquement : évitez donc les suites de chiffres, les pseudonymes trop enfantins, périssables, etc. Il vaut mieux préférer des pseudonymes inspirés de vos auteurs, acteurs et personnages préférés, puisque cela peut donner envie à quelqu'un qui partage vos centres d'intérêt d'entrer en contact avec vous. Rappelez-vous que si vous optez pour des pseudonymes en rapport avec des éléments culturels divers (noms de groupes musicaux, de réalisateurs, titres de films, etc.), il est fort probable que des passionnés viennent vous en parler ; il serait donc dommage que vous ne connaissiez rien sur le sujet.

Favorisez également les pseudonymes courts, facilement prononçables dans un souci d'identification plus aisée pour vos interlocuteurs.

QUELLE PHOTO DE PROFIL CHOISIR ?

Lorsque nous devenons utilisateur d'un site de rencontres, nous avons naturellement envie d'apparaître sous notre plus beau jour, puisque, quoi qu'on en dise, le physique est considéré comme un critère de séduction important. Si, dans la vie réelle, nous ne pouvons camoufler tous nos défauts, nous pouvons être tentés de modifier quelque peu les photos pour apparaître à notre avantage sur Internet. Mais c'est là une mauvaise idée. Lorsque vous souhaiterez aller plus loin dans votre relation en proposant à l'autre un rendez-vous dans la vie réelle, il faut éviter qu'il soit déçu et se sente trahi – et cesse la relation – parce que vous ne ressemblez absolument pas aux photos contenues sur votre profil.

> Alex, 27 ans : « Une mauvaise expérience concerne un homme que j'avais rencontré sur Internet quelques semaines plus tôt et que j'appréciais beaucoup. Nous avions donc convenu d'un rendez-vous, et, au cours de cette rencontre, j'ai remarqué qu'il était déçu – il s'attendait sûrement à autre chose – ; il m'avait imaginée autrement. En revanche, moi, j'étais encore plus conquise : il était beaucoup plus attirant que sur ses photographies. »

Malgré son importance, n'oublions pas que la photo de profil ne témoigne que d'un aspect figé et limité de notre physique. Ainsi, il se peut que, même si l'autre n'a pas triché sur sa photo, vous soyez surpris au moment de le rencontrer. Il faut donc garder à l'esprit que beaucoup d'utilisateurs choisissent les photos de profil qu'ils trouvent les plus flatteuses, sans pour autant que cela ne représente véritablement la personne dans son ensemble.

Mais comment choisir la bonne photo ? La bonne humeur et la joie sont toujours des recettes qui fonctionnent : un sourire – mais attention un vrai sourire pas une mise en scène ! – suscite l'attention

du visiteur. Cela est d'autant plus vrai si vous regardez l'objectif :
la frontalité du regard est donc primordiale. À cet égard, le selfie
ne doit pas être privilégié parce qu'il semble que son utilisation
desserve totalement les messieurs, au contraire des femmes. Il est
donc souhaitable que votre photo soit prise par quelqu'un d'autre et
permette de se faire une idée globale de votre physique. D'ailleurs,
postez sur votre profil plusieurs photographies de vous : une du visage
comme photo principale, et au moins une où vous apparaissez de la
tête aux pieds. Enfin, de manière générale, il faut absolument éviter
des photos où vous êtes accompagné de votre animal de compagnie.

Pour résumer, une bonne photo de profil doit donner une idée de
votre silhouette, être prise par quelqu'un d'autre que vous-même et
vous montrer souriant, le regard fixé sur l'objectif. Enfin, même si
cette information n'est pas surprenante en soi, soignez la qualité de
vos photographies. Vous ne devez pas aller chez un photographe
professionnel pour obtenir de bons résultats, mais il faut absolument
que votre photo de profil soit bien nette (évitez les flous artistiques)
et correctement exposée. Les photos prises grâce à la webcam de
votre ordinateur peuvent faire l'affaire si leur qualité est correcte,
mais il vaut mieux privilégier des photos prises avec un appareil
photographique car leur qualité est plus appréciable.

À ÉVITER !

Les sites de rencontres sont très stricts quant au choix de la photo de profil.
Il faut être reconnaissable, ne pas proposer de photos sur lesquelles certaines
parties du corps sont trop dénudées. Les photos de groupe, de même que les
photos d'enfance sont interdites. Ces consignes sont censées garantir une certaine sécurité.

QUE FAUT-IL PRIVILÉGIER DANS SON PROFIL ?

Le profil est votre carte d'identité sur le site. Il comporte les informations qui permettent de vous définir par rapport aux autres et d'éveiller leur curiosité. Si le profil se révèle être en règle générale un ensemble de réponses courtes à des questions diverses portant sur vos goûts, votre façon de concevoir le monde, votre apparence, etc., plusieurs espaces sont dévolus à votre plume : à vous de décider ce que vous souhaitez partager et de laisser parler votre créativité.

La règle d'or est de toujours être soi-même, de se connaître assez pour mettre en évidence ses propres atouts, ses caractéristiques uniques (sans bien sûr tomber dans le narcissisme). Restez simple, fidèle à vous-même, tout en démontrant votre originalité. Si vous ne savez pas comment vous qualifier, n'hésitez pas à demander à des amis ce qui vous rend unique à leurs yeux si cela peut vous aider à y voir plus clair.

Un bon profil se lit comme un CV, c'est-à-dire rapidement. Il faut faire le tour de la question en quelques phrases, tout en donnant envie au lecteur d'en savoir plus. Vous n'avez pas besoin de 10 000 caractères pour susciter la curiosité : soyez clair, concis, bref et direct. Dans la vie réelle, vous n'auriez pas envie de rencontrer une personne qui vous raconte sa vie sans s'arrêter de parler pendant une heure ; c'est la même chose sur Internet. Les internautes fuient les textes à rallonge. Par contre, ils viendront à votre rencontre si vous partagez des centres d'intérêt commun, si votre profil est drôle, ou si les photographies leur plaisent. Il est donc primordial de ne mettre en avant que ce qui vous plaît réellement et ce qui vous rend unique en tant que personne. Pensez également à afficher vos intentions en expliquant en quelques mots la raison de votre venue sur le site. En signalant vos motivations, vous vous assurerez que vos futurs interlocuteurs partageront les mêmes intentions que vous. Cela vous évitera de mauvaises surprises.

COMMENT ENGAGER LA CONVERSATION ?

Lorsque vient le moment du premier échange, il faut tenter de soigner son entrée en scène. Évitez donc le célèbre « Salut, ça va ? ». Cette formulation, certes polie et neutre, peut se révéler très vite énervante si vous êtes la dixième personne à entamer la discussion de cette manière. Attention aussi aux introductions un peu faciles, comme « Fabrice de Paris » ou « Moi c'est Nathan, et toi, c'est quoi ton prénom ? ». Ces phrases sont très banales et peuvent rapidement devenir ennuyeuses, d'autant plus que de nombreux internautes choisissent d'utiliser leur prénom et/ou leur ville dans leur pseudonyme. Quand vous êtes en société, si vous parlez spontanément avec un inconnu, vous ne vous présenterez jamais en mentionnant votre prénom suivi de la ville dans laquelle vous habitez. Pour briser la glace, il est plus naturel de commenter le contexte dans lequel vous évoluez avant de vous présenter. Mieux vaut donc entamer une discussion de manière drôle ou en interpellant la personne sur une chose qui vous lie, et puis seulement faire les présentations. En plus de vous montrer original et donc d'attirer l'attention de la personne avec laquelle vous entrez en contact, vous gardez un peu de mystère, ce qui titille la curiosité de votre interlocuteur.

Soyez donc original et drôle. Montrez-vous intéressant et intéressé par l'autre en rebondissant par exemple sur un détail du profil qui vous a marqué, ou même des photos, pour lancer une discussion en ne tombant pas dans la facilité.

CONCRÈTEMENT, QUE DOIS-JE FAIRE ?

Vous pouvez par exemple souligner l'une de vos passions actuelles que vous partagez avec l'autre :

- « En parcourant ton profil, j'ai remarqué que tu adorais tel film. C'est également l'un de ceux que je préfère. Je ne peux m'empêcher de rire lorsqu'il... ».
- « Tu dis sur ton profil que l'Islande est ton plus beau voyage. Je n'ai pas encore eu la chance d'y aller mais j'en ai entendu tellement de bien... Tu as des visites à me conseiller... ou des choses qu'il faut vraiment éviter, sait-on jamais ? »

Vous pouvez également souligner un détail d'une photo :

- « En regardant tes photos, j'ai remarqué que tu avais été au concert de tel chanteur. Tu as vraiment beaucoup de chance de l'avoir vu sur scène ! J'ai moi-même voulu y aller, mais le concert était déjà complet. C'était comment ? »

Ou tout simplement vous montrer drôle :

- « Je cherche désespérément une manière originale d'entrer en contact avec toi, mais mon inspiration me joue visiblement des tours. Mais je ne veux pas rater ma chance d'apprendre à te connaître. »

Pensez bien que complimenter quelqu'un sur son physique lui fera toujours plaisir. Cependant, ce n'est pas la meilleure façon d'entrer en contact avec l'autre. Cette pratique est souvent utilisée par les dragueurs qui se montrent un peu trop insistants, ce qui a tendance à lasser. En outre, il serait dommage de ne s'arrêter que sur l'aspect physique, d'autant plus si le profil contient des informations intéressantes sur la personne en elle-même : concentrez-vous plutôt sur les intérêts de la personne, cela entraînera un dialogue plus riche.

Si quelqu'un ne vous répond pas immédiatement alors qu'elle est bel et bien en ligne, n'insistez pas. La personne peut ne pas avoir envie de vous répondre ou n'a peut-être pas le temps au moment précis de l'envoi du message. La règle générale dans ce cas est de rester calme et de ne pas envahir l'espace de messagerie de l'autre, au risque de le faire fuir.

QUELLES RÈGLES DE CONDUITE FAUT-IL RESPECTER LORS DES ÉCHANGES ?

Même si l'on se trouve sur Internet, il est important de respecter certaines règles de sécurité. Il ne faut jamais donner à l'autre d'informations personnelles, telles que votre nom de famille et votre adresse, ni même votre lieu de travail – du moins dans les premiers temps de la relation. Il ne faut également jamais fournir d'informations confidentielles, comme votre numéro de compte bancaire.

Un bon échange vous fera vous sentir bien, tandis qu'un mauvais fera naître en vous un malaise. Rien ne vous oblige à persévérer l'aventure avec quelqu'un qui ne vous satisfait pas et vous dérange. Si les choses dégénèrent, n'hésitez pas à contacter les modérateurs du site qui pourront empêcher la personne de vous recontacter. Suivez donc votre intuition dans tous les échanges que vous nouez.

Dans le cas où le contact passe bien et que votre intuition vous suggère d'entamer une nouvelle étape avec la personne, foncez. Ce n'est qu'en rencontrant réellement la personne que vous pourrez vous faire une idée plus précise sur elle.

LES UTILISATEURS À ÉVITER

Les dragueurs un peu trop insistants

Dès les premières visites, il est probable que vous tombiez sur certains dragueurs un peu trop intrusifs à votre goût. Mais, heureusement, ils constituent une minorité du public des sites de rencontres. Il ne faut pas oublier qu'Internet est le paradis des timides et que les utilisateurs ont tendance à se déresponsabiliser de la portée de leurs propos sur la Toile. Si, dans la vie de tous les jours, il ne vous viendrait jamais à l'idée d'aborder quelqu'un en lui posant d'entrée de jeu des questions liées à sa vie intime par peur de sa réaction ; sur Internet, tout est différent, puisque face à vous il n'y qu'un écran et que dès lors il est plus facile de parler de n'importe quel sujet.

Dans la plupart des cas, l'ignorance est la meilleure solution ; ils se lasseront avant vous. S'ils se montrent plus persévérants que prévu, n'hésitez pas à signaler leur comportement à un modérateur ou à les bloquer.

Les personnes déjà engagées dans une relation

> Dylan, 28 ans : « Je ne vois pas de différence entre une relation Internet et une relation nouée hors d'Internet. Peut-être que c'est sûrement parce que je reste honnête dans les deux situations, mais ce n'était pas le cas pour la personne avec qui j'ai tenté une relation. Elle avait un petit-ami, ce que je n'ai appris que plusieurs semaines après. Mais on peut très bien avoir ce genre de surprise dans une relation classique. Ce n'est pas propre aux sites et applications de rencontres. »

Il n'y a malheureusement pas que sur les sites de rencontres extra-conjugales que nous trouvons des hommes et des femmes marié(e)s ou engagé(e)s dans une autre relation. Quelques indices peuvent toutefois vous aider à les identifier :

- ils ne se connectent jamais le soir ou le week-end (vie de famille oblige) ;
- ils n'ont pas de numéro de téléphone fixe. Les contacts se font uniquement par portable ;
- ils ne vous demandent de les contacter qu'à certaines heures ;
- ils vous rencontrent partout sauf chez eux.

Les arnaqueurs

Les cyber escrocs sont une menace réelle sur Internet. Il n'est pas toujours évident de les repérer dès les premiers échanges, mais certains éléments peuvent tout de même attirer votre attention :

- la personne avec laquelle vous communiquez s'exprime dans un français approximatif et le ton de vos échanges peut sensiblement changer d'un jour à l'autre (ils peuvent entrer en contact avec vous depuis l'étranger et être plusieurs à vous écrire) ;
- ils posent de nombreuses questions sur votre quotidien afin de connaître vos habitudes ;
- ils refusent toujours les rendez-vous ou ne se présentent jamais, s'il a été convenu, mais s'arrangent tout de même pour obtenir votre numéro de téléphone, votre adresse postale, etc. ;
- ils tiennent des propos contradictoires (un jour ils habitent tel endroit depuis de nombreuses années, le lendemain ils n'y ont jamais vécu) et s'attachent très rapidement à vous ;
- vous ne trouvez aucune information à leur sujet sur Internet (pas de profils facebook, etc.).

Dès lors que vous suspectez un comportement étrange, prenez contact avec l'un des modérateurs du site et n'entrez plus en contact avec cette personne. Si la personne vous fait du chantage, joignez la police ; le chantage est punissable par la loi.

QUAND ET OÙ PLANIFIER LA RENCONTRE RÉELLE ?

Si après quelques échanges vous vous sentez vraiment en confiance et pensez que la relation pourrait aller plus loin, c'est qu'il est temps de passer à la prochaine étape : la rencontre réelle. En général, les spécialistes conseillent de donner une dimension réelle à la rencontre assez rapidement. Il faut en effet qu'il ne s'écoule que quelques jours entre le moment où votre intérêt est à son comble et le rendez-vous. Mais, à nouveau, l'important est de s'écouter : si on se sent prêt, il faut se lancer ; dans le cas contraire, patientez encore un peu. Rien ne sert non plus de presser l'autre, cela ne ferait que jeter un froid dans votre relation.

N'oubliez pas non plus qu'à moins de vous parler via webcam, vous n'avez pas vraiment une idée du physique de l'autre. C'est uniquement en vous rencontrant dans la vie réelle que vous pourrez vous faire une véritable idée sur l'autre. En outre, plus le temps passe, plus l'investissement émotionnel est grand, et plus le besoin de communiquer avec la personne dans la réalité peut se faire sentir.

Le choix du lieu est essentiel et certaines mesures de sécurité doivent être respectées :

- il faut toujours choisir un lieu public. Pourquoi ne pas aller boire un verre et vous rendre ensuite au cinéma ?
- il faut toujours prévenir un membre de votre entourage du lieu et de l'heure de la rencontre ;
- il faut toujours avoir son téléphone portable sur soi ;
- il faut toujours venir au lieu de rencontre par ses propres moyens, et donc éviter de se faire conduire par la personne que vous allez rencontrer.

Et si la rencontre ne se passe pas comme prévu ?

Même si les premiers contacts étaient prometteurs, le courant peut ne pas passer entre vous au moment de la rencontre réelle. Cela arrive et il n'y a aucun mal à cela. Le tout est de se montrer honnête pour ne pas laisser l'autre s'imaginer des choses s'il n'a pas ressenti la même chose que vous.

Vous pouvez également ne pas être attiré l'un par l'autre. Mais cela ne veut pas pour autant dire que vous devez cesser tout contact. À défaut d'être de nature amoureuse, votre relation peut devenir une belle amitié.

Alex, 27 ans : « En le rencontrant, le feeling n'est pas passé de mon côté, parce qu'il ne m'attirait vraiment pas. Et c'était réciproque. Malgré tout, nous avons passé un bon moment ensemble et avons beaucoup ri. Peut-être resterons-nous en contact et deviendrons-nous ami. Qui sait ? »

EN CONCLUSION

Faire des rencontres sur Internet est, à l'heure actuelle, très aisé : les sites communautaires sont omniprésents, et les interactions facilitées. En définitive, le plus difficile est de faire un choix dans les possibilités qui s'offrent à vous. Mais, il n'y a que vous qui puissiez le faire : cela dépend de votre personnalité, de vos désirs, etc. Dès lors que vous aurez décidé de vous lancer, vous n'aurez plus qu'à rester vous-même et à vous épanouir dans la découverte d'autrui.

Et peut-être feriez-vous une rencontre qui changera votre vie, qui sait ?

FAQ

QUELS SONT LES AVANTAGES ET LES INCONVÉNIENTS DES RENCONTRES SUR INTERNET ?

Internet permet aux personnes qui n'ont pas le temps et aux plus timides de faire des rencontres qu'elles ne pourraient peut-être pas faire dans la vie réelle. Si tout est réalisé pour que les rencontres soient facilitées, il faut tout de même rester vigilants et ne fournir aucune donnée personnelle.

QUEL BUDGET FAUT-IL COMPTER POUR UN ABONNEMENT SUR UN SITE DE RENCONTRES ?

Les tarifs varient sensiblement d'un site à l'autre, mais il est plus intéressant de prendre un abonnement longue durée afin d'obtenir des tarifs préférentiels. Prenons comme exemple six mois d'abonnement : vous payerez entre 9,90 € et 29 € par mois sur les sites présentés dans cet ouvrage. L'avantage de ce principe d'abonnement est qu'au plus celui-ci est coûteux, au plus les internautes sont ciblés et sérieux.

EXISTE-T-IL D'AUTRES SITES OÙ IL EST POSSIBLE DE RENCONTRER DES GENS ?

Les réseaux sociaux, tels que Facebook et Twitter, peuvent être utilisés ; de même que les sites d'intérêts communs (forums) ou encore certaines applications sur Smartphone (Tinder, etc).

POURQUOI METTRE UNE PHOTO DE PROFIL, ET COMMENT LA CHOISIR ?

La photo de profil est primordiale pour que l'autre puisse mettre un visage sur vous. C'est également une preuve que vous vous prêtez au jeu avec sérieux, au contraire d'un *fake* ou d'un cyber escroc. Idéalement, il faut choisir une photo récente et, surtout, une qui vous représente le plus fidèlement possible, afin d'éviter à l'autre toute déception. Sortez votre plus beau sourire, regardez l'objectif et faites-vous prendre en photo par quelqu'un d'autre.

COMMENT COMPLÉTER SON PROFIL ?

L'important lorsque vous rédigez votre profil est de cerner et de mettre en avant ce qui vous rend unique par rapport aux autres, sans pour autant forcer le trait. Afficher ses intentions est aussi toujours appréciable.

QUELLES SONT LES RÈGLES À RESPECTER LORS D'UN ÉCHANGE SUR INTERNET ?

Il ne faut jamais dévoiler d'informations confidentielles (nom, informations bancaires, adresse, etc.) et suivre son intuition. Si une personne vous paraît suspecte, vous êtes libre d'interrompre le dialogue, de la bloquer et/ou de demander l'intervention d'un modérateur.

QUAND ET OÙ PLANIFIER UN PREMIER RENDEZ-VOUS ?

Dès lors que vous vous sentez à l'aise et que vous êtes prêt à passer à l'étape suivante, fixez un rendez-vous avec l'autre. Plus vite la rencontre a lieu, plus vite vous pourrez vous faire une véritable idée de l'autre. Au moment de fixer l'endroit de rencontre, privilégiez toujours un lieu public (cinéma, restaurant, musée), prévenez un proche du programme de la rencontre, et veillez toujours à avoir votre téléphone portable avec vous.

POUR ALLER PLUS LOIN

SOURCES BIBLIOGRAPHIQUES

- ADAMS (Rebecca), « 7 Drawbacks Of Online Dating, According To Science », in *Huffington Post Women*, consulté le 9 juillet 2015.
  http://www.huffingtonpost.com/2015/07/07/online-dating-science_n_7745108.html
- CARLIER (Matthieu), « Sites de rencontre : comment identifier les mythos, escrocs et autres losers », in *Le Huffington Post*, consulté le 8 juillet 2015.
  http://www.huffingtonpost.fr/2013/05/02/sites-de-rencontre-comment-identifier-les-mythos_n_3199881.html
- COPELAND (Lisa), « The 9 Essential Rules for Writing Your Online Dating Profile », in *Huffington Post*, consulté le 7 juillet 2015.
  http://www.huffingtonpost.com/lisa-copeland/online-dating-profile_b_5752694.html
- DUPORTAIL (Judith), « Les "brouteurs d'Abidjan", les nouveaux escrocs d'Internet », in *Le Figaro*, consulté le 8 juillet 2015.
  http://www.lefigaro.fr/actualite-france/2012/12/07/01016-20121207ARTFIG00560-les-brouteurs-d-abidjan-les-nouveaux-escrocs-d-internet.php
- GANNAC (Anne-Laure), « Internet permet-il de "vraies" histoires ? », in *Psychologies.com*, consulté le 8 juillet 2015.
  http://www.psychologies.com/Couple/Seduction/L-amour-sur-Internet/Articles-et-dossiers/Internet-permet-il-de-vraies-histoires
- GANNAC (Anne-Laure), « Internet, le choc du premier rendez-vous », in *Psychologies.com*, consulté le 8 juillet 2015.
  http://www.psychologies.com/Couple/Seduction/L-amour-sur-Internet/Articles-et-dossiers/Internet-le-choc-du-premier-rendez-vous

- Izadi (Elahe), « Want to Succeed in Online Dating ? Pay More Attention to Your Username », in *The Washington Post*, consulté le 7 juillet 2015.
  http://www.washingtonpost.com/news/the-intersect/wp/2015/02/13/want-to-succeed-in-online-dating-pay-more-attention-to-your-username/
- Jaillardon (Karine), « De Uber à Tinder, non à l'»ubérisation» de la société ! La séduction n'est pas utilitaire », in *L'OBS Le Plus*, consulté le 7 juillet 2015.
  http://leplus.nouvelobs.com/contribution/1390368-de-uber-a-tinder-non-a-l-uberisation-de-la-societe-la-seduction-n-est-pas-utilitaire.html
- Jayat (Damien), « Chantage à la webcam : j'ai essayé de coincer mon brouteur », in *L'Obs Rue89*, consulté le 8 juillet 2015.
  http://rue89.nouvelobs.com/2013/12/16/chantage-a-webcam-jai-essaye-coincer-brouteur-248361
- Maruani (Alice), « Quand t'as rien de mieux à faire, tu vas sur Tinder », in *L'Obs Rue89*, consulté le 8 juillet 2015.
  http://rue89.nouvelobs.com/rue69/2015/06/02/quand-tas-rien-mieux-a-faire-vas-tinder-259512
- Mazaurette (Maïa), *Osez... les rencontres sur Internet*, Paris, La Musardine, 2009.
- Rice (Francesca), « 15 Ways to Make Your Online Dating Profile Stand Out », in *Marie Claire UK*, consulté le 8 juillet 2015.
  http://www.marieclaire.co.uk/blogs/543390/15-ways-to-make-your-online-dating-profile-stand-out-from-the-pack-1.html

Éditeur responsable : Lemaitre Publishing
Avenue de la Couronne 382 | B-1050 Bruxelles
info@lemaitre-editions.com

ISBN ebook : 978-2-8062-6763-4
ISBN papier : 978-2-8062-6764-1
Dépôt legal : D/2015/12603/333
Photo de couverture : © Antonioguillem
Couverture : © Lisiane Detaille